运动健康100分
YunDong JianKang100Fen

二十四式太极拳

马建超 编著

人民體育出版社

图书在版编目（CIP）数据

二十四式太极拳 / 马建超编著. –北京：人民体育出版社，2021

（运动健康 100 分）

ISBN 978-7-5009-5785-0

Ⅰ. ①二… Ⅱ. ①马… Ⅲ. ①太极拳–基本知识 Ⅳ. ①G852.11

中国版本图书馆 CIP 数据核字（2020）第067470号

参编人员：高　翔　丁亚丽　高　飞
郭成敏　高　绅　李梦瑶

*

人民体育出版社出版发行

北京新华印刷有限公司印刷

新　华　书　店　经　销

*

880×1230　32开本　3.5印张　88千字

2021年6月第 1 版　　2021年6月第 1 次印刷

印数：1—5,000册

*

ISBN 978-7-5009-5785-0

定价：28.00元

社址：北京市东城区体育馆路 8 号（天坛公园东门）

电话：67151482（发行部）　　邮编：100061

传真：67151483　　邮购：67118491

网址：www.sportspublish.cn

（购买本社图书，如遇有缺损页可与邮购部联系）

2007年中央电视台春节联欢晚会《行云流水》节目主演

荣获2010年广东卫视《武动亚洲·功夫达人》总决赛冠军

主演2013年电影《功夫世家》

荣获2014年首届世界太极拳锦标赛自选太极拳冠军

2014年第四次亚信峰会文艺晚会《书韵画意》节目主演

二十四式太极拳简介

二十四式太极拳，也称“简化太极拳”。是由国家体委武术处于1955年以传统杨式太极拳为基础，选择其中主要练法，按照易学易练、循序渐进原则，重新编排而成的普及套路。

此拳算上起势与收势，共有24式，5、6分钟即可练习完毕。内容精炼，结构紧凑；架势美观，衔接流畅；费时不多，收效明显。是非常优秀的太极拳入门套路，是学习与掌握太极拳基础技能的重要途径。

此拳编排合理新颖，改变了传统太极拳的固有结构，按照由简而繁、由易至难原则，开始安排直进动作，其次安排后退与侧步动作，最后穿插蹬脚、下式、独立与复杂转折动作。锻炼全面均衡，重点动作增加了左、右式对称练习，避免传统套路中只有左下式、右揽雀尾的偏重现象，可使练习者收到更多更佳的强身效果。

二十四式太极拳于1956年正式公布，受到太极拳爱好者的青睐。目前，二十四式太极拳不仅在国内，而且在国际上广泛流传，对推动全民健身运动的发展，对推动太极拳走向世界，还在发挥着重要与独特的作用。

目 录

一、起势

【要诀】

平行站，同肩宽。臂慢起，屈肘按。
指微屈，掌心下。蹲多高，各自看。
身正腰松休撅臀，两肘松垂肩要沉。
落臂屈膝须一致，按掌高度与腹平。

【练法】

1. 左脚开步

两脚并拢，直体站立；虚领顶劲，头正颈直，唇齿相合，下颌微收；含胸拔背，松腰敛臀，提肛收腹；松肩垂臂，手指微屈，轻贴腿侧；脊椎竖直，尾闾中正，身正体松；重心居中，不偏不倚，不摇不晃。眼神内敛，平视前方。（图1–1）

图1–1

左脚缓缓提起，向左横开步，提起时脚跟、脚掌、脚尖依次离地，落步时脚尖、脚掌、脚跟依次踏实。身体重心先移向右腿，随左脚踏实而落于两腿之间，两脚尖向前，与肩同宽，身体中正。目平视前方。（图1–2 ~ 图1–4）

图1–2

图1–3

图1–4

2. 两臂平举

两臂微屈内旋，缓缓向前、向上平举，松肩垂肘，以肩领肘，以肘领手；两掌背向上，高与肩平，与肩同宽，掌指舒展，掌心微含；身体微前倾，重心落于两脚前脚掌。目平视前方。（图1–5）

图1–5

图1–6

3. 屈膝按掌

身体缓缓后坐，两脚屈膝半蹲；两臂下沉，两掌下按至腹前。上身中正，沉肩坠肘，塌腰松胯，两臀内敛，重心居两腿之间。目平视前方。（图1–6）

二、左右野马分鬃

【要诀】

上体保持正，分手成弧形。
出步探虚实，如履薄层冰。
若想弓步稳，横距三十分。

【练法】

1. 丁步抱球

上体微向左转，右脚尖稍内扣，左脚收至右脚内侧，脚尖点地成左丁步，重心在右腿（先左后右）；同时，右臂屈肘收于胸前，掌心向下；左手经体前向右下划弧至腹前，掌心向上，两掌心相对成抱球状。目视左前方。（图2–1、图2–2）

图2–1

图2–2

2. 转体上步

上体向左转，左脚向左前方上步，脚跟着地，左腿自然伸直；右腿屈膝半蹲，重心仍在右腿；两掌仍抱球于胸前。目视左前方。（图2-3、图2-4）

图2-3

图2-4

3. 弓步分掌

左脚掌缓缓踏实，左腿屈膝前弓；右腿自然伸直，右脚尖稍内扣，成左弓步；同时，左、右手分别缓缓向左上、右下分开；左手高与眼平，掌心斜向上，左肘微屈；右手落在右胯旁，掌心向下，指尖向前，右肘微屈。塌腰沉胯，左膝不过脚尖；重心落于两腿之间，略偏后。目视左手。（图2-5）

图2-5

4. 丁步抱球

上体缓缓后坐，重心移至右腿上，左脚尖翘起微向外撇，随即左腿缓缓屈膝前弓，身体左转，重心再移至左腿上；同时，左手内旋翻转向下，屈肘收于胸前，右手经体前向左上划弧至左手下，两掌心相对成抱球状；右脚收在左脚内侧，脚尖点地，成右丁步。目视右前方。（图2-6 ~ 图2-8）

图2-6

图2-7

图2-8

5. 转体上步

上体微向右转，右脚向右前方上步，脚跟着地，脚尖上翘，右腿自然伸直；左腿屈膝半蹲，重心在左腿；两掌仍抱球于胸前。目视右前方。（图2-9）

图2-9

6. 弓步分掌

右脚掌缓缓踏实，右腿屈膝前弓；左腿自然伸直，左脚尖稍内扣，成右弓步；同时，右、左手分别缓缓向右上、左下分开；右手高与眼平，掌心斜向上，右肘微屈；左手落在左胯旁，掌心向下，指尖向前，左肘微屈。塌腰沉胯，右膝不过脚尖；重心落于两腿之间，略偏后。目视右手。（图2-10、图2-11）

图2-10

图2-11

7. 丁步抱球

上体缓缓后坐，重心移至左腿上，右脚尖翘起微向外撇，随即右腿缓缓屈膝前弓，身体右转，重心再移至右腿上；同时，右手内旋翻转向下，屈肘收于胸前，左手经体前向右上划弧至右手下，两掌心相对成抱球状；左脚收在右脚内侧，脚尖点地，成左丁步。目视左前方。（图2-12 ~ 图2-14）

图2-12

图2-13

图2-14

8. 转体上步

上体微向左转，左脚向左前方上步，脚跟着地，脚尖上翘，左腿自然伸直；右腿屈膝半蹲，重心在右腿；两掌仍抱球于胸前。目视左前方。（图2–15）

图2–15

9. 弓步分掌

左脚掌缓缓踏实，左腿屈膝前弓；右腿自然伸直，右脚尖稍内扣，成左弓步；同时，左、右手分别缓缓向左上、右下分开；左手高与眼平，掌心斜向上，左肘微屈；右手落在右胯旁，掌心向下，指尖向前，右肘微屈。塌腰沉胯，左膝不过脚尖；重心落于两腿之间，略偏后。目视左手。（图2–16）

图2–16

三、白鹤亮翅

【要诀】

跟半步，身后坐。抱球状，鹤翅亮。
左手放胯前，右手头边停，两臂保持半圆形。
左脚虚点地，双膝微弯曲，后坐提手须统一。

【练法】

1. 跟步抱球

上体微向左转，重心移至左腿，右脚跟进半步，前脚掌着地。随即，右脚跟踏实，上体后坐，重心移至右腿，上体微向右转；左脚稍向前移，脚尖点地，上体微向左转，成左虚步；同时，左手内旋翻转，掌心向下，左臂平屈于胸前；右手外旋向左上划弧至腹前，掌心向上，与左手成抱球状。目视左前方。（图3–1、图3–2）

图3–1

图3–2

2. 虚步分掌

上体微向右转，随即微向左转；同时，两手缓缓分别向右上、左下划弧分开，右手上提至右额前，掌心向左；左手下按至左胯前，掌心向下，指尖向前。目平视前方。（图3–3、图3–4）

图3–3

图3–4

四、左右搂膝拗步

【要诀】

进退多变化，虚实分清爽。
两手怀中抱，依次莫乱慌。
搂膝和推手，不可俯或仰。
推手沉肩肘，坐腕且舒掌。

【练法】

1. 丁步托掌

右手经体前向左、向下、向右、向后方划弧至右肩外，右肘微屈，手与耳同高，掌心斜向上；左手向上、向右划弧至右胸前，掌心斜向下；同时，上体先微向左转再向右转，左脚收至右脚内侧，脚尖点地，成左丁步，重心在右腿。目视右手。（图4–1 ~ 图4–3）

图4–1

图4–2

图4–3

2. 屈肘上步

上体微向左转，左脚提起向左前方上步，脚跟着地，脚尖上翘，左腿自然伸直，重心在右腿；同时，右肘屈收，右手收至耳侧，掌心斜向下，指尖斜向上；左手向下、向左搂至腹前，掌心向下，指尖向右。目视前方。（图4–4）

图4–4

3. 搂膝推掌

重心前移，左脚掌着地，左腿屈膝前弓，右腿自然伸直，成左弓步；同时，右手经耳侧向前推出，掌心向前，掌根微塌，指尖向上，高与鼻尖平，右肘微屈；左手向下、向左经左膝前搂过按掌于左胯旁，掌心向下，指尖向前；重心落于两腿之间，略偏后。目视右手。（图4–5、图4–6）

图4–5

图4–6

4. 丁步托掌

上体慢慢后坐，右腿缓缓屈膝，重心移至右腿上；左腿自然伸直，左脚尖翘起微向外撇。随即，左腿慢慢屈膝前弓，身体左转，重心移至左腿上；右脚向左脚内侧靠拢，脚尖点地，成右丁步；同时，左手外旋向外翻掌由左后向上划弧至左肩外，左肘微屈，手与耳同高，掌心斜向上；右手随转体向上、向左下划弧至左胸前，掌心斜向下。目视左手。（图4–7 ~ 图4–9）

图4–7

图4–8

图4–9

5. 屈肘上步

上体微向右转，右脚提起向右前方上步，脚跟着地，脚尖上翘，右腿自然伸直，重心在左腿；同时，左肘屈收，左手收至耳侧，掌心斜向下，指尖斜向上；右手向下、向右搂至腹前，掌心向下，指尖向左。目视前方。（图4-10）

图4-10

6. 搂膝推掌

重心前移，右脚掌着地，右腿屈膝前弓，左腿自然伸直，成右弓步；同时，左手经耳侧向前推出，掌心向前，掌根微塌，指尖向上，高与鼻尖平，左肘微屈；右手向下、向右经右膝前搂过按掌于右胯旁，掌心向下，指尖向前；重心落于两腿之间，略偏后。目视左手。（图4-11、图4-12）

图4-11

图4-12

7. 丁步托掌

上体慢慢后坐，左腿缓缓屈膝，重心移至左腿上；右腿自然伸直，右脚尖翘起微向外撇。随即，右腿慢慢屈膝前弓，身体右转，重心移至右腿上；左脚向右脚内侧靠拢，脚尖点地成左丁步；同时，右手外旋向外翻掌由右后向上划弧至右肩外，右肘微屈，手与耳同高，掌心斜向上；左手随转体向上、向右下划弧至右胸前，掌心斜向下。目视右手。（图4-13～图4-15）

图4-13

图4-14

图4-15

8. 屈肘上步

上体微向左转，左脚提起向左前方上步，脚跟着地，脚尖上翘，左腿自然伸直；同时，右肘屈收，右手收至耳侧，掌心斜向下，指尖斜向上；左手向下向左搂至腹前，掌心向下，指尖向右。目视前方。（图4–16）

图4–16

9. 搂膝推掌

重心前移，左脚掌着地，左腿屈膝前弓，右腿自然伸直，成左弓步；同时，右手经耳侧向前推出，掌心向前，掌根微塌，指尖向上，高与鼻尖平，右肘微屈；左手向下、向左经左膝前搂过按掌于左胯旁，掌心向下，指尖向前。目视右手。（图4–17、图4–18）

图4–17

图4–18

五、手挥琵琶

【要诀】

跟半步，再坐实。左脚翘，膝微屈。
左手挑，高齐鼻。右手回，落于腹。
左虚右实要稳平，左挑右落走弧形。
沉肩垂肘掌心对，两手挥弹琵琶琴。

【练法】

1. 跟步展臂

重心前移，右腿屈膝提起，跟进半步，前脚掌着地，重心在左腿；同时，左、右手松腕舒掌。目视右手。（图5–1）

图5–1

2. 虚步合臂

身体后坐，上体微向右转，右脚跟着地，右腿屈膝半蹲，重心移至右腿上，左脚跟提起，成左虚步；同时，左手由左下向前、向上划弧至体前，掌心斜向下，指尖斜向上，高与肩平；右手向右划弧屈肘收至右胸前，掌心斜向下，指尖向前。随即，左脚略提起，稍向前移，脚跟着地，脚尖翘起，左腿微屈，成左虚步；同时，两臂里合，左手掌心向右，指尖斜向上，高与鼻尖平，肘微屈；右手掌心向左，合至左肘里侧，右肘微屈。目视左手。（图5–2、图5–3）

图5–2

图5–3

六、左右倒卷肱

【要诀】

前推回手走弧形，两手速度要均匀。
进步慢慢虚变实，腰胯放松运转灵。

【练法】

1. 转体分掌

上体微向右转，右手外旋翻掌由右下向右后上方划弧至右肩外侧，掌心斜向上，与耳同高，右肘微屈；同时，左手在体前外旋翻掌，掌心向上，左肘微屈；左脚随之由脚跟点地换为脚尖点地，重心仍在右腿上。目视右后上方。（图6–1、图6–2）

图6–1

图6–2

2. 屈肘退步

上体微向左转，左腿屈膝提起，脚尖自然下垂，缓缓向左后方退步，前脚掌着地，重心仍在右腿；同时，右臂内旋屈肘，收至耳旁，掌心斜向下，指尖斜向上。目视左手。（图6–3）

图6–3

3. 虚步推掌

上体微向左转，身体重心后移至左腿上，左脚全脚踏实；右脚跟离地，右脚掌碾正并着地，成右虚步；同时，右手经耳侧向前推出，掌心向前，指尖向上，高与鼻尖平；左手向下、向后划弧，左掌心向上；右掌在上，左掌在下，两掌在体前交错，左掌收至左胯外侧。目视右手。（图6–4、图6–5）

图6–4

图6–5

4. 转体分掌

上体微向左转，左手外旋翻掌由左下向左后上方划弧至左肩外侧，掌心斜向上，与耳同高，左肘微屈；同时，右手在体前外旋翻掌，微向前伸，掌心向上，右肘微屈；重心仍在左腿。目视左方。（图6–6）

图6–6

5. 屈肘退步

上体微向右转，右腿屈膝提起，脚尖自然下垂，缓缓向右后方退步，前脚掌着地，重心仍在左腿；同时，左臂内旋屈肘，收至耳旁，掌心斜向下，指尖斜向上。目视右手。（图6–7）

图6–7

6. 虚步推掌

上体微向右转，身体重心后移至右腿上，右脚全脚踏实；左脚跟离地，左脚掌碾正并着地，成左虚步；同时，左手经耳侧向前推出，掌心向前，指尖向上，高与鼻尖平；右手向下、向后划弧，右掌心向上；左掌在上，右掌在下，两掌在体前交错，右掌收至右胯外侧。目视左手。（图6–8、图6–9）

图6–8

图6–9

7. 转体分掌

上体微向右转，右肘后抽，右掌由右下向右后上方划弧至右肩外侧，掌心斜向上，与耳同高，右肘微屈；同时，左手在体前外旋翻掌，微向前伸，掌心向上，左肘微屈；重心仍在右腿。目视右方。（图6-10）

图6-10

8. 屈肘退步

上体微向左转，左腿屈膝提起，脚尖自然下垂，缓缓向左后方退步，前脚掌着地，重心仍在右腿；同时，右臂内旋屈肘，收至耳旁，掌心斜向下，指尖斜向上。目视左手。（图6-11）

图6-11

9. 虚步推掌

上体微向左转，身体重心后移至左腿上，左脚全脚踏实；右脚跟离地，右脚掌碾正并着地，成右虚步；同时，右手经耳侧向前推出，掌心向前，指尖向上，高与鼻尖平；左手向下、向后划弧，左掌心向上；右掌在上，左掌在下，两掌在体前交错，左掌收至左胯外侧。目视右手。（图6–12、图6–13）

图6–12

图6–13

10. 转体分掌

上体微向左转，左肘后抽，左掌由左下向左后上方划弧至左肩外侧，掌心斜向上，与耳同高，左肘微屈；同时，右手在体前外旋翻掌，微向前伸，掌心向上，右肘微屈；重心仍在左腿。目视左方。（图6–14）

图6–14

11. 屈肘退步

上体微向右转，右腿屈膝提起，脚尖自然下垂，缓缓向右后方退步，前脚掌着地，重心仍在左腿；同时，左臂内旋屈肘，收至耳旁，掌心斜向下，指尖斜向上。目视右手。（图6–15）

图6–15

12. 虚步推掌

上体微向右转，身体重心后移至右腿上，右脚全脚踏实；左脚跟离地，左脚掌碾正并着地，成左虚步；同时，左手经耳侧向前推出，掌心向前，指尖向上，高与鼻尖平；右手向下、向后划弧，右掌心向上；左掌在上，右掌在下，两掌在体前交错，右掌收至右胯外侧。目视左手。（图6-16、图6-17）

图6-16

图6-17

七、左揽雀尾

【要诀】

揽雀尾中含四法，掤捋挤按拳精华。
掤：左弓步，左手掤，和分鬃，有不同。
捋：翻两掌，伸前方，坐身捋，如牵羊。
挤：屈右肘，附左腕，慢挤出，保持圆。
按：翻手心，左右分，划圆圈，要认真。
掤在两臂要撑，捋在掌中要轻。
挤在手背要横，按在腰腿要攻。

【练法】

1. 转体分掌

上体向右转，重心仍在右腿；同时，右手由胯侧经右下向右后上方划弧，掌心斜向上，右肘微屈；左手舒腕，左臂内旋，左肘微屈，掌心向下，置于体前。目视右侧。（图7-1）

图7-1

2. 丁步抱球

左脚收至右脚内侧，脚尖点地，成左丁步；同时，左手向下、向右划弧至腹前，掌心向上，指尖向右，左肘微屈；右臂屈肘，掌心转向下，由肩高处收至胸前，两掌心相对成抱球状；重心仍在右腿。目视右手（视线由左手移到右手）。（图7–2）

图7–2

3. 转体上步

上体微向左转，左脚向左前方缓缓上步，脚跟着地，脚尖上翘，左脚自然伸直；右腿屈膝半蹲，重心在右腿；两掌仍抱球于胸前。目平视左前方。（图7–3）

图7–3

4. 弓步上掤

左脚掌缓缓踏实，左腿屈膝前弓；右腿自然伸直，右脚尖稍向里扣，成左弓步；同时，左臂向左前方掤出（即左臂平屈成弓形，用前臂外侧和手背向左前方推出），高与肩平，掌心向内，指尖向右；右掌向右下划弧，按于右胯旁，掌心向下，指尖向前。重心落于两腿之间，略偏后；掤出时，两臂成弧形，转腰、分掌、弓腿三者协调一致。目视左手。（图7–4、图7–5）

图7–4

图7–5

5. 旋臂合掌

上体微向左转，左臂内旋向前伸展并翻转手掌，掌心斜向下，指尖斜向上，左肘微屈；右臂外旋翻掌向左前上方划弧，经腹前合掌至左前臂下方，掌心斜向上，两掌心斜相对；重心仍在两腿之间，略偏后。目视左手。（图7–6、图7–7）

图7–6

图7–7

6. 后坐下捋

上体向右转，身体缓缓后坐，重心逐渐移至右腿；同时，两掌经腹前向右后下方划弧，下捋至右腿内侧。右掌继续向右后上方划弧至右肩外侧，掌心斜向上，高与眉齐；左掌继续向右上方划弧，屈肘平于胸前，掌心向内，指尖向右；右腿屈膝半蹲，左腿伸开，左膝微屈。目视左腕前方。（图7–8、图7–9）

图7–8

图7–9

7. 转体搭掌

上体向左转，右手向上、向前划弧，屈肘附于左腕内侧，掌心向前，指尖斜向上，与左手脉门相距寸许（3～5厘米）；左掌心向内，指尖向右，两肘微屈，两臂在胸前掤圆；重心仍在右腿。目视左前方。（图7-10）

图7-10

8. 弓步前挤

身体重心由右腿逐渐前移，左腿屈膝前弓，右腿自然伸直，成左弓步，重心落于两腿之间，略偏后；同时，两手一起向前缓缓挤出，两掌似贴非贴，两肩松沉，两肘微屈，两臂撑圆。目视左手腕部。（图7-11）

图7-11

9. 后坐收掌

左手内旋微前伸并翻掌，掌心向下；右手经左手背上方向前、向右伸出，掌心向下，两掌左右平开，宽与肩同，高与肩平。接着，重心后移，上体后坐，右腿屈膝半蹲，左脚尖翘起；同时，两臂屈肘，两手由上而下划弧收至腹前，两掌心斜向前下方。目平视前下方。（图7–12～图7–14）

图7–12

图7–13

图7–14

10. 弓步前按

重心缓缓前移，左腿屈膝前弓，右腿自然伸直，成左弓步；同时，两腕下沉经腹前向上、向前弧形按出，掌心向前，指尖向上，腕高与肩平，坐腕、展掌、舒指；重心落于两腿之间，略偏后。目平视前方。（图7–15、图7–16）

图7–15

图7–16

八、右揽雀尾

【要诀】

蹬左腿，扣脚尖。腰右转，手不变。
腰回走，落右手。右丁步，左抱球。
弓步掤，两手分。坐身捋，手先伸。
合手挤，弓步慢。两手分，同时按。
重心移动身体正，两臂必须走弧形。

【练法】

1. 转体分掌

身体后坐，上体向右转，重心移至右腿并屈膝半蹲，左腿自然伸直，左脚尖上翘并内扣；同时，两掌在面前分掌，向左右两侧平行划弧，两掌高与肩平，掌心均向外，指尖向上。目视左方。（图8–1）

图8–1

2. 丁步抱球

上体微向右转，左脚尖继续内扣至正南方，随之脚掌踏实，身体重心移至左腿上；右脚收至左脚内侧，脚尖点地，成右丁步；同时，左臂平屈于胸前，左肘微垂，左手翻掌，掌心向下，指尖向右；右手向下、向左上划弧至腹前，掌心向上，指尖向左，右肘微屈，两掌心相对成抱球状。目视左前方。（图8-2、图8-3）

图8-2

图8-3

3. 转体上步

上体微向右转，右脚向右前方缓缓上步，脚跟着地，脚尖上翘，自然伸直；左腿屈膝半蹲，重心在左腿；两掌仍抱球于胸前。目平视右前方。（图8-4）

图8-4

4. 弓步上掤

右脚掌缓缓踏实，右腿屈膝前弓；左腿自然伸直，脚尖稍向内扣，成右弓步；同时，右臂向右前方掤出，高与肩平，掌心向内，指尖向左；左掌向左下划弧，按于左胯旁，掌心向下，指尖向前。重心落于两腿之间，略偏后；掤出时，两臂成弧形，转腰、分掌、弓腿三者协调一致。目视右前方。（图8-5、图8-6）

图8-5

图8-6

5. 旋臂合掌

上体微向右转，右臂内旋向前伸展并翻转手掌，掌心斜向下，指尖斜向上，右肘微屈；左臂外旋翻掌向右前上方划弧，经腹前合掌至右前臂下方，掌心斜向上，两掌心斜相对；重心仍在两腿之间，略偏后。目视右手。（图8-7、图8-8）

图8-7

图8-8

6. 后坐下捋

上体微向左转，身体缓缓后坐，重心逐渐移至左腿；同时，两掌经腹前向左后下方划弧，下捋至左腿内侧。左掌继续向左后上方划弧至左肩外侧，掌心斜向上，高与眉齐；右掌继续向左上方划弧，屈肘平于胸前，掌心向内，指尖向左；左腿屈膝半蹲，右腿自然伸开，右膝微屈。目视右前方。（图8-9 ~ 图8-12）

图8-9

图8-10

图8-11

图8-12

7. 转体搭掌

上体向右转，左手向上、向前划弧屈肘附于右腕内侧，掌心向前，指尖斜向上，与右手脉门相距寸许；右掌心向内，指尖向左，两肘微屈，两臂在胸前掤圆；重心仍在左腿。目视右手腕部。（图8–13）

图8–13

8. 弓步前挤

身体重心由左腿逐渐前移，右腿屈膝前弓，左腿自然伸直，成右弓步，重心落于两腿之间，略偏后；同时，两手一起向前缓缓挤出，两掌似贴非贴，两肩松沉，两肘微屈，两臂撑圆。目视右前方。（图8–14）

图8–14

9. 后坐收掌

右手内旋微前伸并翻掌，掌心向下；左手经右手背上方向前、向左伸出，掌心向下，两掌左右平开，宽与肩同，高与肩平。接着，重心后移，上体后坐，左腿屈膝半蹲，右脚尖翘起；同时，两臂屈肘，两手由上而下划弧收至腹前，两掌心向前下方，重心在左腿。目视前方。（图8-15 ~ 图8-17）

图8-15

图8-16

图8-17

10. 弓步前按

重心缓缓前移，右腿屈膝前弓，左腿自然伸直，成右弓步；同时，两腕下沉经腹前向上、向前弧形按出，掌心向前，指尖向上，腕高与肩平，坐腕、展掌、舒指；重心落在两腿之间，略偏后。目平视前方。（图8-18、图8-19）

图8-18

图8-19

九、单鞭

【要诀】

身后坐，脚里扣。腰左转，再向右。
左腿虚，右腿实。右手勾，左掌立。
出左脚，弓步走。勾不变，推左手。
单鞭动作并不难，腰转手随是关键。
先收后出虚变实，弓步推掌慢转腕。

【练法】

1. 转体扣脚

身体后坐，左腿屈膝半蹲，重心逐渐移至左腿；右腿自然伸直，脚尖上翘；两手松腕落掌，手心向下。随即上体向左转，右脚尖内扣；同时，左手掌心向外、虎口向右，经面前向左平行划弧至身体左侧，指尖斜向上，左肘微屈；右手向下、向左划弧至腹前，掌心向上，指尖向左。目视左手。（图9-1、图9-2）

图9-1

图9-2

2. 丁步勾手

上体向右转，右腿屈膝半蹲，身体重心逐渐移至右腿；左脚收至右脚内侧，脚尖点地，成左丁步；同时，右手向右上方划弧，手心由里向外逐渐翻转，经面前至身体右侧内旋，渐变勾手，腕与肩高，肘微下垂；左手向下经腹前向右上划弧，掌心逐渐转向内，停于右肩前。目视右前方。（图9–3 ~ 图9–5）

图9–3

图9–4

图9–5

3. 转体上步

上体微向左转，左脚屈膝提起向左前方缓缓上步，脚跟着地，脚尖上翘；同时，左手随上体左转经面前向左平行划弧，掌心由内逐渐向外翻转，指尖向上；右手成勾，重心在右腿。目视左手。（图9-6、图9-7）

图9-6

图9-7

4. 弓步推掌

上体微向左转，身体重心逐渐前移，左脚掌踏实，左腿屈膝前弓；右腿自然伸直，脚掌稍向里扣，成左弓步；同时，左掌缓缓翻转向前推出，掌心向前，指尖向上，高与眼平，肘微屈与膝相对；右臂在身体右后方，肘微下垂，勾手与肩同高，与脚相对；重心落在两腿之间，略偏后。目视左手。（图9–8）

图9–8

十、云手

【要诀】

左脚蹬，脚里扣。手随腰，转向右。
继续走，云左手。并右脚，云右手。
左横行，左手云。并右脚，右手云。
重复式，共三次。越连贯，越有趣。
左脚横出向左行，右脚并步右手云。
身直膝屈重心稳，腰如车轴手如轮。

【练法】

1. 撑掌扣脚

身体后坐，重心逐渐移至右腿，右腿屈膝半蹲；上体向右转，左脚尖向里扣，脚尖向前；同时，左手展腕向下、向右划弧，掌心由前向右逐渐转腕翻掌至腹前，掌心斜向后；右勾手变掌外撑，掌心向外，指尖斜向上，高与鼻平，右肘微屈。目视右手。（图10-1、图10-2）

图10-1

图10-2

2. 转体云手

上体微向左转，左腿慢慢屈膝半蹲，身体重心逐渐移至左腿；右脚跟缓缓离地，前脚掌着地；同时，左手由腹前继续向上、向右划弧至右肩前，屈肘经面前向左划弧至身体左侧，掌心向里，指尖向上，高与鼻平；右手向下、向左划弧至腹前右侧，掌心向下。目视左手。（图10-3）

图10-3

3. 撑掌收步

上体继续微向左转，身体重心完全移至左腿；右脚轻轻提起，前脚掌离地，收至左脚内侧（相距约20厘米，脚前掌先缓缓着地，全脚掌再踏实），两腿屈膝，两脚尖平行向前，重心落在两腿之间，略偏左；同时，左手翻掌外撑，掌心向外，腕高与肩平，左肘微垂；右手继续向左上方划弧至左腹前，掌心斜向里。目视左手。（图10-4）

图10-4

图10-5

4. 转体云手

上体微向右转，身体重心慢慢移向右腿；同时，右手向上经左肩前、向右经面前平行划弧至身体右侧，掌心向里，指尖向上，右臂屈肘，腕高与肩平； 左手向下、向右划弧至腹前左侧，掌心向下。目视右手。（图10-5）

5. 撑掌出步

上体微向右转，身体重心完全移至右腿；左脚跟、左脚掌依次缓缓提起，向左横跨一步，前脚掌先轻轻落下着地，两脚尖平行向前；同时，右手翻掌外撑，掌心向外，指尖向上，腕高与肩平； 左手继续向右上方划弧至右腹前，掌心斜向里。目视右手。（图10–6）

图10–6

6. 转体云手

上体微向左转，左脚踏实，左腿慢慢屈膝半蹲，身体重心慢慢移向左腿；右脚跟缓缓离地，前脚掌着地；同时，左手由腹前继续向上、向右划弧至右肩前，屈肘经面前向左平行划弧至身体左侧，掌心向里，指尖向上，高与鼻平； 右手向下、向左划弧至腹前右侧，掌心向下。目视左手。（图10–7）

图10–7

7. 撑掌收步

上体继续微向左转，身体重心完全移至左腿；右脚轻轻提起，收至左脚内侧，两腿屈膝，两脚尖平行向前，重心落在两腿之间，略偏左；同时，左手翻掌外撑，掌心向外，腕高与肩平，左肘微垂；右手继续向左上方划弧至左腹前，掌心斜向里。目视左手。（图10–8）

图10–8

图10–9

8. 转体云手

上体微向右转，身体重心慢慢移向右腿；同时，右手向上经左肩前、向右经面前平行划弧至身体右侧，掌心向里，指尖向上，右臂屈肘，腕高与肩平；左手向下、向右划弧至腹前左侧，掌心向下。目视右手。（图10–9）

9. 撑掌出步

上体微向右转，身体重心完全移至右腿；左脚跟、左脚掌依次缓缓提起，向左横跨一步，两脚尖平行向前；同时，右手翻掌外撑，掌心向外，指尖向上，腕高与肩平； 左手继续向右上方划弧。目视右手。（图10–10）

图10–10

10. 转体云手

上体微向左转，左脚踏实，左腿慢慢屈膝半蹲，身体重心逐渐移至左腿；右脚跟缓缓离地，前脚掌着地；同时，左手向上经右肩前、屈肘经面前向左划弧至身体左侧，掌心向里，指尖向上，高与鼻平；右手向下、向左划弧。目视左手。（图10–11）

图10–11

11. 撑掌收步

上体继续微向左转，身体重心完全移至左腿；右脚收至左脚内侧，两腿屈膝，两脚尖平行向前，重心落在两腿之间，略偏左；同时，左手翻掌外撑，掌心向外，腕高与肩平，左肘微垂；右手由腹前继续向左上方划弧。目视左手。（图10-12）

图10-12

十一、单鞭

【要诀】

单鞭式，与前重。形不变，要领同。

两肩不得耸起，勾手向后平举，推掌沉腕旋臂。

【练法】

1. 丁步勾手

上体微向右转，身体重心移至右腿；左脚跟缓缓提起，脚尖点地，成左丁步；同时，右手经面前向右平行划弧至身体右侧，掌心由斜向里逐渐向外翻转，至右前方时变勾手；左手向下经腹前向右上方划弧至右肩前，掌心由向左前方逐渐翻转至斜向里。目视右手。（图11-1～图11-3）

图11-1

图11-2

图11-3

2. 转体上步

上体微向左转，左脚屈膝提起向左前方缓缓上步，脚跟着地，脚尖上翘；同时，左手随上体左转经面前向左平行划弧，掌心由内逐渐向外翻转，指尖向上；重心在右腿。目视左手。（图11-4）

图11-4

3. 弓步推掌

上体微向左转，身体重心逐渐前移，左脚掌踏实，左腿屈膝前弓；右腿自然伸直，右脚尖稍向里扣，成左弓步；同时，左掌缓缓翻转向前推出，掌心向前，指尖向上，高与眼平，左肘微屈与左膝相对；右臂在身体右后方，肘微下垂，勾手与肩同高，与右膝相对；重心落在两腿之间，略偏后。目视左手。（图11-5、图11-6）

图11-5

图11-6

二十四式太极拳

1–5式

6–9式

10–15式

16–24式

二十四式太极拳 正面

二十四式太极拳 背面

十二、高探马

【要诀】

跟半步，移重心。虚实变，要分清。
右勾手，变成掌。两手心，翻向上。
左手收，腰前方。右手推，经耳旁。
上体自然直，双肩要松沉。
右肘微垂下，眼看前手平。

【练法】

1. 跟步舒掌

身体重心前移至左腿，右腿向前跟进半步，前脚掌着地；同时，左手缓缓舒掌，由立掌向里旋腕逐渐变成仰掌，掌尖向前，掌心向上；右勾手变掌翻转，掌心向上，右肘微屈，上体右转。目视左手。（图12-1）

图12-1

2. 后坐屈肘

身体后坐，重心移至右腿，右脚跟缓缓着地，全脚踏实，右腿屈膝半蹲；左脚跟提起，前脚掌着地，左膝微屈，上体左转；同时，左掌稍后收；右臂屈肘，右掌抽至右耳侧，掌心向下。目视左手。（图12–2）

图12–2

3. 虚步推掌

上体微向左转，左脚稍向前移，前脚掌着地，左膝微屈，成左虚步；同时，右手经耳侧向前推出，掌心向前，指尖向上，高与眼平，肘微下垂，坐腕、展掌、舒指；左臂屈肘微向外开，左手收至左胯外侧，掌心向上，指尖斜向前。目视右手。（图12–3）

图12–3

十三、右蹬脚

【要诀】

提左腿，穿左手。弓步落，分两手。
右丁步，交叉手。右在外，心向后。
提腿蹬，两手分。左右力，拉平均。
穿手提腿两手分，蹬腿力点在后跟。
上下相对须一致，身体稳定在重心。

【练法】

1. 上步穿掌

左脚缓缓提起向左前方上步，脚跟着地；同时，左手向上、向前弧形伸至右腕背面，两手交叉，右掌心斜向外，左掌心斜向内，腕高与肩平，两肘稍垂并微向外张，两臂掤圆；重心在右腿。目视两掌。（图13-1）

图13-1

2. 弓步分掌

身体重心前移，左脚掌缓缓踏实，左腿屈膝前弓，右腿自然伸直，成左弓步；同时，两臂内旋翻转，两掌向两侧分开、向下划弧，两掌心斜向下，两手虎口相对，宽与肩同，高与肩平，两肘微屈，两臂成弧形；重心落于两腿之间，略偏后。目平视前方。（图13-2）

图13-2

图13-3

3. 丁步合掌

身体重心前移，左腿屈膝半蹲；右脚缓缓提起屈膝收在左脚内侧，脚尖点地，成右丁步；同时，两手由外圈向里圈划弧，于胸前交叉合掌，左手在内，右手在外，两掌心向里，腕高与肩平，两肘稍垂并微向外张，两臂掤圆；重心在左腿。目平视右前方。（图13-3）

4. 提膝合掌

左腿支撑身体重心，左膝微屈；右腿屈膝上提，高于腰际，脚尖下垂；两掌仍合于胸前，提膝与合掌含有内合劲。目视右前方。（图13-4）

图13-4

5. 蹬脚撑掌

图13-5

右脚脚尖回勾，脚跟缓缓向右前上方蹬出，右腿自然伸直，脚高过腰；同时，两臂内旋，两掌向左右两侧平行划弧撑开，两掌根微塌，两掌心斜向外，两掌尖向上，腕高与肩平，两肘微屈，右掌与右脚上下相对；重心在左腿。目视右手。（图13-5）

十四、双峰贯耳

【要诀】

右腿收，膝盖提。腰右转，两手齐。
捧手落，再上起。双贯耳，如钳夹。
腰松头颈直，两拳放松握。
沉肩又垂肘，两肩弧形走。

【练法】

1. 屈膝合臂

右腿屈膝回收，膝高于腰，脚尖自然下垂；同时，两臂外旋，左手由后向上、向前划弧，掌心由外逐渐翻转至斜向上；右手翻转掌心至斜向上，两臂合于体前，两肘微屈，指尖高与鼻平；重心在左腿。目平视前方。（图14-1、图14-2）

图14-1

图14-2

2. 落步收掌

两掌同时向下划弧分别落于右膝两侧，两掌心向上，两掌尖向前。左腿缓缓屈膝半蹲，重心在左腿；右脚慢慢向右前方下落，脚跟着地，脚尖上翘；同时，两手向下划弧，分别收掌至胯前，掌心向上，指尖向前。目平视前方。（图14–3）

图14–3

3. 弓步贯拳

身体重心前移，右脚掌缓缓踏实；右腿屈膝前弓，左腿自然伸直，成右弓步；同时，两掌缓缓变拳，分别从两侧向上、向前内旋划弧，至面前成钳形状，两拳食指根节相对，拳眼斜向内，两拳高与耳齐，间距与头同，两肘微屈稍向外开；重心落于两腿之间，略偏后。目视两拳之间。（图14–4 ~ 图14–6）

图14–4

图14–5

图14–6

十五、转身左蹬脚

【要诀】

右脚扣，腰左转。两手分，拳变掌。
继续走，交叉手。左脚蹬，两手分。
蹬脚单腿站，重心多变化。
左肘对左膝，左肩对左胯。

【练法】

1. 转体扣脚

身体后坐，左腿屈膝半蹲，身体重心逐渐移至左腿，右脚尖上翘，随即，上体向左后转，右脚尖内扣，右腿自然伸直；同时，两拳变掌，由上向左右划弧至身体两侧平举，两掌心斜向外，指尖向上，腕高与肩平，两肘微屈。目视左手。（图15–1、图15–2）

图15–1

图15-2

2. 丁步落掌

上体继续左转，右脚掌踏实，右腿屈膝半蹲，重心移至右腿；左脚屈膝收至右脚内侧，脚尖点地，成左丁步；同时，两手由外向下、向里划弧，先至胯部。目平视左前方。（图15-3、图15-4）

图15-3

图15-4

3. 提膝合掌

右腿支撑身体重心，右膝微屈；左腿屈膝上提，高于腰际，脚尖下垂； 两掌由胯部向里、向上划弧合于胸前，左手在外，右手在内，两掌心向里，两臂掤圆。提膝与合掌含有内合劲。目视左前方。（图15-5）

图15-5

图15-6

4. 蹬脚撑掌

左脚脚尖回勾，脚跟缓缓向左前上方蹬出，左腿自然伸直，脚高过腰；同时，两臂内旋，两掌向左右两侧平行划弧撑开，两掌掌根微塌，两掌掌心斜向外，两掌指尖向上，腕高与肩平，两肘微屈。左掌与左脚上下相对；重心在右腿。目视左手。（图15-6）

十六、左下式独立

【要诀】

屈左腿，收左手。右腿蹲，左腿伸。
左手穿，顺腿边。身慢直，金鸡立。
左腿伸直右膝屈，行步两脚要着实。
右腿蹬地慢立起，身体上下保持直。

【练法】

1. 屈膝勾手

左腿屈膝回收，膝高于腰，脚尖自然下垂；上体微向右转；同时，右掌变勾手，腕高与肩平，右肘微屈；左掌向上、向右划弧至右肩前，掌心斜向后，指尖斜向上；右腿自然站立，右膝微屈。目视右方。（图16–1）

图16–1

图16–1附图

2. 弓步勾手

右腿缓缓屈膝半蹲，左脚下落向左侧偏后方伸出，成右侧弓步。右侧弓步时，左腿伸直，左脚尖稍内扣；右脚掌稍外撇，右膝稍外展，右脚跟与左脚尖在一条直线上；身体重心在右腿。目视右手。（图16-2）

图16-2

图16-2附图

3. 仆步穿掌

上体微向左转；左手由胸前下落，掌心逐渐转向右，沿左腿内侧划弧向前穿至踝关节处。目视左前下方。（图16-3、图16-4）

图16-3

图16-4

4. 弓步挑掌

身体重心前移，上体微向左转，左脚以脚跟为轴，前脚掌摆正，左腿屈膝前弓；右脚尖内扣，右腿自然伸直，成左弓步；同时，左臂继续前伸，立掌上挑，掌心向右，指尖向上，与鼻同高，左肘微屈；右臂下落内旋伸直，右勾手在身后转为勾尖向上；重心落在两腿之间，略偏后。目视左手。（图16-5、图16-6）

图16-5

图16-6

5. 提膝挑掌

身体重心前移，左腿独立伸直，左膝微屈；右腿缓缓屈膝提起，脚尖自然下垂，成左独立步；同时，右臂外旋，右勾手变掌，由右下方沿右腿外侧向前、向上弧形挑起，屈肘立于右腿上方，掌心向左，指尖向上，与鼻同高，肘与膝相对；左掌下落按于左胯旁，掌心向下，掌尖向前，左肘微屈。目视右手。（图16-7、图16-8）

图16-7

图16-8

十七、右下式独立

【要诀】

脚落下，腰左转。右手落，左肩前。
提左手，掌变勾。同左式，一样走。
下式独立难度大，行步全靠会收胯。
脚部有力身才稳，功到自成不用怕。

【练法】

1. 落脚勾手

右脚下落于左脚前（约20厘米），以前脚掌着地并向外碾转，随之以左脚跟为轴，左前脚掌外展，将身体向左碾转，重心在左腿；同时，左手向左后上方划弧平举变勾手，腕高与肩平；右手经面前向左划弧至左肩前，掌心斜向后。目视左方。（图17–1）

图17–1

2. 弓步勾手

左腿缓缓屈膝半蹲，同时，右脚稍提离地面，向右侧偏后方伸出，成左侧弓步，右腿伸直，右脚尖稍内扣；左脚掌稍外撇，左膝稍外展，左脚跟与右脚尖在一条直线上，身体重心在左腿。目视左方。（图17–2）

图17–2

3. 仆步穿掌

上体微向右转，右手由胸前下落，掌心逐渐转向左，沿右腿内侧划弧向前穿出。目视右方。（图17–3）

图17–3

4. 弓步挑掌

身体重心前移，上体微向右转，右脚以脚跟为轴，前脚掌摆正，右腿屈膝前弓；左脚尖内扣，左腿自然伸直，成右弓步；同时，右臂继续前伸，立掌上挑，掌心向左，指尖向上，与鼻同高，右肘微屈；左臂下落内旋伸直，左勾手在身后转为勾尖向上；重心落在两腿之间，略偏后。目视右手。（图17-4、图17-5）

图17-4

图17-5

5. 提膝挑掌

身体重心前移，右腿独立伸直，右膝微屈；左腿缓缓屈膝提起，脚尖自然下垂，成右独立步；同时，左臂外旋，左勾手变掌，由左下方沿左腿外侧向前、向上弧形挑起，屈肘立于左腿上方，掌心向右，指尖向上，与眉同高，左肘与左膝相对；右掌下落按于右胯旁，掌心向下，掌尖向前，右肘微屈。目视左手。（图17-6、图17-7）

图17-6

图17-7

十八、左右穿梭

【要诀】

脚外展，微右转。胸抱球，半坐盘。
上右脚，丁步靠。斜弓步，球转倒。
右手举，停额头。左手推，平胸口。
其要领，理解透。学会左，便会右。
左右穿梭两斜方，上下协调休紧张。
弓步横距卅厘米，身正腰直稳如桩。

【练法】

1. 落步旋臂

身体微向左转，右腿屈膝半蹲；左脚向前落步，脚跟先着地。随身体重心前移，左脚掌缓缓踏实（脚尖稍外撇）；右脚跟离地，前脚掌着地，两膝微屈成半坐盘式，重心在左腿；同时，左臂内旋平屈于胸前，肘微下垂，掌心向下，指尖向右；右臂外旋，右手向左划弧至腹前，掌心向上，指尖向左，两掌心相对成抱球状。目视右前方。（图18–1）

图18–1

2. 丁步抱球

身体重心继续前移，左腿屈膝半蹲；右脚收至左脚内侧，膝部弯曲，脚尖点地，成右丁步；同时，上体微向左转，两掌仍抱球于体前。目视右前方。（图18–2）

图18–2

3. 转体上步

身体右转，右脚向右斜前方上步，脚跟着地，脚尖上翘，右腿自然伸直，膝部松展，身体重心仍在左腿；同时，右手向上划弧；左手向下、向前划弧。目平视右前方。（图18–3）

图18–3

4. 弓步推掌

重心前移，右脚踏实，右腿屈膝前弓；左脚尖稍内扣，左腿自然伸直，成右弓步；同时，右手向上、向右经面前翻掌架于右额前，掌心斜向前，指尖斜向上，右肘微屈；左手经体前向前推出，掌心向前，掌根微塌，指尖向上，高与鼻尖平。目视左手。（图18-4、图18-5）

图18-4

图18-5

5. 丁步抱球

身体后坐，上体微向左转，左腿屈膝半蹲，重心移至左腿；右腿自然伸直，右膝微屈，前脚掌离地，脚跟着地，脚尖上翘。随即，上体微向右转，身体重心移至右腿，右脚尖稍外撇，前脚掌踏实，右腿屈膝半蹲；左脚提起屈膝收至右脚内侧，脚尖点地，成左丁步；同时，右手下落划弧，屈肘平收于胸前，肘微下垂，掌心向下，指尖向左；左手向右下划弧至腹前，掌心向上，指尖向右，两掌心相对成抱球状。目视左前方。（图18-6）

图18-6

6. 转体上步

身体向左转，左脚向左前方上步，脚跟着地，脚尖上翘，左腿自然伸直，膝部松展，身体重心仍在右腿；同时，左手向外、向上划弧；右手向下、向前划弧。目平视左前方。（图18-7）

图18-7

7. 弓步推掌

重心前移，左脚踏实，左腿屈膝前弓；右脚尖稍内扣，右腿自然伸直，成左弓步；同时，左手向上、向左经面前翻掌架于左额前，掌心斜向前，指尖斜向上，左肘微屈；右手经体前向前推出，掌心向前，掌根微塌，指尖向上，高与鼻尖平。目视右手。（图18–8、图18–9）

图18–8

图18–9

十九、海底针

【要诀】

右腿跟，身后移。左手下，右手提。
左虚步，脚点地。为捞针，下海底。
身体先右再左转，上体不可太前探。
避免低头臀外凸，左脚点地右腿弯。

【练法】

1. 跟步落掌

身体重心移至左腿，左腿屈膝半蹲；右脚向前跟进半步，右腿屈膝，前脚掌着地；同时，两掌放松，开始划弧下落。目视右手。（图19-1）

图19-1

2. 后坐提掌

上体微向右转，身体后坐，重心移至右腿，右脚跟着地全脚踏实，右腿屈膝半蹲；左脚脚跟、前掌依次稍提离地面，左膝微屈；同时，右手向下划弧经右胯侧向后、向上屈肘抽提至耳侧，掌心向左，指尖向前；左手向前、向下在体前划弧至左膝上方，掌心向下，指尖斜向右，左肘微屈。目视前下方。（图19–2、图19–3）

图19–2

图19–3

3. 虚步插掌

上体微向左转，左脚稍向前移，膝部微屈，脚尖点地，成左虚步；同时，右手从耳侧向前下方插出，掌心向左，指尖斜向下；左手向前、向左经膝前划弧按掌于左胯旁，掌根微塌，掌心向下，指尖向前，左肘微屈。目视前下方。（图19–4）

图19–4

二十、闪通臂

【要诀】

迈左脚，弓步赶。提两手，身右转。
左手推，平鼻尖。旋右臂，翻手腕。
上体正直要自然，推掌弓腿莫迟缓。
左臂不可太伸直，背部肌肉要松展。

【练法】

1. 收步提掌

左脚屈膝提起，稍离地面，收至右腿里侧；同时，右手经体前上提至肩前，掌心向左，指尖向前，与肩同高；左手经胸前上提至右腕里侧下方，掌心向右，指尖斜向上；两肩松沉，两肘微屈。目平视前方。（图20-1）

图20-1

2. 上步分掌

上体微向右转，左脚向左前方上步，脚跟着地，脚尖上翘，两脚跟横向距离不超过10厘米，身体重心仍在右腿；同时，两手内旋向两边分掌，左掌至左肩前，掌心向外，指尖向上，与肩同高；右掌至面前，指尖斜向上，高与眉齐；两肘微屈，两臂撑圆。目平视前方。（图20-2）

图20-2

3. 弓步推掌

上体微向左转，左脚踏实，左腿屈膝前弓，右腿自然伸直，成左弓步；同时，左手向体前推出，掌心斜向前，指尖向上，与鼻同高，左肘微屈；右手屈肘上撑至右额上方，掌心斜向上，指尖向前；上体正直，沉肩垂肘，塌腰松胯。目视左手。（图20-3）

图20-3

二十一、转身搬拦捶

【要诀】

左脚扣，右后转。左手翻，举头前。
右握拳，划弧忙。随身转，左肘旁。
提右脚，撇向前。左手落，送右拳。
右脚实，左脚上。左手拦，右拳降。
再打出，正前方。左手回，右肘旁。
转身搬与拦，右拳似螺旋。
前臂先内转，外旋把敌缠。
先化而后打，钢针绵里藏。

【练法】

1. 转体扣脚

右腿屈膝半蹲，身体重心移至右腿，上体向右后转；左脚尖上翘，脚跟着地，脚尖向里扣。随即，左脚踏实，左腿屈膝半蹲，身体重心移至左腿；右脚以脚跟为轴前脚掌稍外展；同时，右手向右、向下划弧，掌心向外，指尖向上，高与肩平；左手向上、向右划弧，掌心向外，指尖向上，高与肩平；两肘微屈。（图21-1、图21-2）

图21-1

图21-2

2. 后坐握拳

上体微向右转，右脚提起收回；同时，右手向下、向左划弧至腹前屈肘握拳，拳心斜向下，拳眼向内；左手屈肘上举至左额前上方，掌心斜向上，指尖斜向上。目视右前方。（图21-3）

图21-3

3. 撇脚搬拳

右脚向右前方上步，脚尖外撇，脚跟着地，身体重心仍在左腿；同时，右拳经胸前翻转搬出，右肘微屈，拳心斜向上，拳眼向右，高与鼻平；左手向右、向下划弧经右前臂外侧下按于左胯旁，掌根微塌，掌心向下，指尖向前，左肘微屈。目视右拳。（图21–4）

图21–4

4. 转体旋臂

上体微向右转，右脚踏实，右腿屈膝半蹲，身体重心移至右腿；左腿屈膝，左脚跟离地，前脚掌着地；同时，右拳经右侧内旋划弧至右胸前，手臂平屈，拳心向下，拳眼向内；左手经左侧向上、向前划弧拦出，掌心斜向右下方，指尖向前，左肘微屈。目视左手。（图21–5）

图21–5

5. 上步拦掌

上体微向左转，左脚提起向前上步，脚跟着地，身体重心仍在右腿；同时，右拳外旋收至右腰际，拳心向上，拳眼向外；左掌微外旋，掌根微塌，掌心斜向前，指尖向上，左肘微屈。目视左手。（图21-6）

图21-6

6. 弓步冲拳

身体重心缓缓前移，左脚掌着地全脚踏实，左腿屈膝前弓，右腿自然伸直，成左弓步；同时，右臂内旋向前冲拳，拳心向左，拳眼向上，高与肩平，右肘微屈；左手稍内收附于右前臂内侧，掌心向右，指尖斜向上；重心落于两腿之间，略偏后。目视右拳。（图21-7、图21-8）

图21-7

图21-8

图21-8附图

二十二、如封似闭

【要诀】

左手伸，右腕下。翻两掌，心向上。
慢收回，身后坐。推两掌，成弓步。
后坐腰勿挺，臀部也莫凸。
两臂随身回，弧线别走直。
肩肘略外松，肩宽为度尺。

【练法】

1. 旋臂翻掌

左手外旋翻掌，由右腕下向前伸出；同时，右臂外旋，右拳变掌翻转向上。两手交叉随即左右平分，两掌掌心向上，两掌指尖向前，高与肩平，宽与肩同。目视两掌之间。（图22-1）

图22-1

2. 后坐收掌

右腿屈膝半蹲，身体后坐，重心移至右腿；左腿自然伸直，左膝微屈，脚尖翘起，脚跟着地；同时，两臂内旋屈肘收掌，两掌由前向后、由上向下沿弧线逐渐翻掌收至两肋前，掌心斜向下，指尖斜向上。目视前下方。（图22-2、图22-3）

图22-2

图22-3

3. 弓步按掌

重心前移，左脚踏实，左腿屈膝前弓，右腿自然伸直，成左弓步；同时，两手向上、向前弧形推出，两掌根微塌，掌心向前，指尖向上，两掌宽与肩同，腕高与肩平，两肘微屈。目平视前方。（图22-4、图22-5）

图22-4

图22-5

二十三、十字手

【要诀】

左脚扣，身向右。右手云，两臂平。
右外撇，脚平行。并右脚，肩为准。
边划弧，身慢起。十字手，左在里。
先分后合身自然，两臂环抱须圆满。
沉肩垂肘手向里，虚灵顶劲胸内含。

【练法】

1. 转体扣脚

右腿屈膝半蹲，身体后坐，重心移至右腿；上体微向右转，左脚尖翘起里扣，随即落地；同时，两掌舒腕，随体转向身体两侧平行划弧，两掌掌心斜向下，虎口相对，两肘微屈。目视前方。（图23-1）

图23-1

2. 弓腿分掌

上体微向右转，右脚随之稍向外撇，右腿屈弓，左腿自然伸直，成右侧弓步；同时，两掌继续向身体两侧平行划弧成侧平举状，腕高与肩平，掌心向外，指尖向上，两肘微屈；重心在右腿。目视右手。（图23-2、图23-3）

图23-2

图23-3

3. 坐腿扣脚

上体微向左转，重心缓缓移至左腿，左腿屈弓，右脚尖向里扣；同时，两臂外旋向下、向里划弧，两掌心向上，指尖斜向前。目视前下方。（图23-4、图23-5）

图23-4

图23-5

4. 收步合掌

右腿屈膝提起，右脚跟和脚前掌依次提离地面，向左收步，前脚掌和脚跟依次着地，两腿与肩同宽，屈膝半蹲，两脚尖向前，身体重心落于两腿之间；同时，两臂外旋，两掌缓缓向里、向上划弧，经腹前屈肘交叉合掌于胸前，右手在外，掌心均向里，两臂撑圆，腕高与肩平。目平视前方。（图23-6）

图23-6

二十四、收势

【要诀】

手外翻，心向下。慢慢落，外侧胯。
两手分落下，全身应放松。
沉肩平呼吸，有始又有终。

【练法】

1. 旋臂分掌

两臂内旋，两手同时。向外翻掌分开，掌心向下，指尖向前，宽、高与肩同，两肘微屈。目平视前方。（图24–1、图24–2）

图24–1

图24–2

2. 起身收掌

两腿缓缓蹬伸，自然站立，两膝微屈，成开立步；同时，两掌缓缓下落至两腿外侧，两肘微屈，掌心向下，指尖向前。目平视前方。（图24-3）

图24-3

图24-4

3. 收步还原

身体重心移至右腿，左脚轻轻提起，左脚跟和前脚掌依次离地，收至右脚旁。左前脚掌和脚跟依次着地，并步站立，重心居中。目平视前方。（图24-4）

无极生太极，太极归无极；天天练太极，久练终成器。